СПАСИБО ЗА ВНИМАНИЕ

Boris Laskin: Tak for opmærksomheden! 1968
Boris Laskin: Tack for uppmärksamheten
Boris Laskin: Thanks for Your Attention!
Boris Laskin: Besten Dank für Ihre Aufmerksamkeit!
Boris Laskin: Bedankt voor uw aandacht
Boris Laskin: Je vous remercie de votre attention!

БОРИС ЛАСКИН

СПАСИБО ЗА ВНИМАНИЕ

ЮМОРИСТИ́ЧЕСКИЕ РАССКА́ЗЫ

The vocabulary is based on
Schacht/Vangmark: Russian-English Basic Dictionary
Schacht/Vangmark: Russisk-Dansk Grundordbog

EDITORS:
Ljudmilla Runedal
Helge Vangmark, *Denmark*

ADVISERS:
Lillemor Swedenborg, *Sweden*
Derek Green, Great Britain

Design: Ib Jørgensen
Illustrations: Oskar Jørgensen

© 1972 by ASCHEHOUG/ALINEA
ISBN-10 Denmark 87-23-90462-3
ISBN-13 Denmark 978-87-23-90462-1
www.easyreader.dk

Printed in Denmark by
Sangill Grafisk Produktion, Holme Olstrup

БОРИС ЛАСКИН

Борис Ла́скин роди́лся в 1914 году́ в го́роде Орша. На́чал литерату́рную рабо́ту в 1938 году́. Он а́втор юмористи́ческих расска́зов и рису́ет с тёплым ю́мором о́бразы свои́х совреме́нников. Геро́ями э́тих расска́зов явля́ются хоро́шие сове́тские лю́ди – студе́нты, вое́нные, рабо́чие, инжене́ры, де́ти. Неожи́данные встре́чи, весёлые, ра́достные и смешны́е собы́тия лежа́т в осно́ве сюже́тов. Автор с до́брой улы́бкой наблюда́ет за свои́ми геро́ями, пока́зывает их с лу́чшей стороны́, не забыва́я их сла́бостей. Иногда́ мо́жно ве́село посмея́ться над геро́ями, иногда́ гру́стно улыбну́ться. Автор утвержда́ет чи́стые и благоро́дные отноше́ния ме́жду людьми́.

В лу́чших расска́зах Ла́скина есте́ственно, я́рко проявля́ются черты́ и осо́бенности сове́тской жи́зни, бы́та сове́тского о́бщества. Мно́го внима́ния уделя́ет а́втор молодёжи. Его́ молоды́е геро́и всегда́ весёлые и у́мные. Большинство́ расска́зов в настоя́щей кни́жке печа́тались в газе́тах, передава́лись по ра́дио, чита́лись с эстра́ды.

К произведе́ниям Ла́скина принадлежа́т и сле́дующие: Три танки́ста, 1943, Продолже́ние знако́мства, 1951, В жи́зни так случа́ется, 1955, Вре́мя люби́ть, 1960, Да́йте жа́лобную кни́гу, 1965.

СОДЕРЖА́НИЕ

Дорого́й гость............................ 8

Акти́вный о́тдых......................... 22

Жу́ткая исто́рия......................... 35

Си́льная рука́........................... 43

Малы́ш................................. 52

Лири́ческое происше́ствие.............. 61

Ки́евский торт.......................... 70

ДОРОГÓЙ ГОСТЬ

Не пóмню, говорѝл я вам ѝли нет, какóй мой глáвный недостáток? Если не говорѝл, могý сказáть.

Надéжда Яковлевна, нáша учѝтельница, говорѝт, что когдá я чтó-нибудь расскáзываю, я чáсто отхожý от тéмы. Я всегдá вспоминáю никомý не нýжные мéлкие обстоятельства и мой расскáз теряет порядок дéйствия. А пáпа говорѝт, что я добавляю в свою речь слѝшком мнóго лѝшних слов.

Тепéрь, когдá вы всё про меня знáете, я расскажý, как мы с однѝм товáрищем провелѝ однý смéлую операцию*.

Мой пáпа моряк. Он слýжит на парохóде стáршим помóщником капитáна, а я млáдший помóщник стáршего помóщника. Это меня так мáма в шýтку называет.

Мáма моя – худóжница, но онá не картѝны пѝшет. Онá из янтаря* дéлает красѝвые вéщи.

Мáма и пáпа познакóмились в Ленингрáде. Онѝ там учѝлись, но меня тогдá ещё нé было. Я появѝлся в этом гóроде, где мы сейчáс живём.

А Ленингрáд – замечáтельный гóрод. Мне про негó мнóго расскáзывали. Там, мéжду прóчим, бывáют бéлые нóчи. Представляете? Ночь, а всё вѝдно,

---

* операция: дéйствие
* янтáрь: то, что течёт с дéрева и станóвится твёрдым как кáмень

как днём. Мо́жно да́же чита́ть на у́лице любу́ю кни́гу – каку́ю хо́чешь.

Когда́ па́па собра́лся в пла́вание на парохо́де, он сказа́л, что́бы я пое́хал в ла́герь. А ма́ма сказа́ла, мо́жно в ла́герь, а мо́жно и к дя́де Мака́ру, у него́ да́ча за го́родом. Я сказа́л, что лу́чше хочу́ в ла́герь, а ма́ма сказа́ла, что у меня́ с во́зрастом пропа́ли чу́вства к родны́м. А я сказа́л, что они́ никогда́ о́стрыми не́ были. Па́па засмея́лся: «Ты же говори́л, что лю́бишь роди́телей». А я сказа́л, что дя́дя Мака́р мне не роди́тель, а да́льний ро́дственник*.

Тепе́рь я вам немно́жко про э́того дя́дю Мака́ра расскажу́.

Вообще́ знако́м я с ним с де́тства. Вот, наприме́р, он говори́т, что челове́к всего́ добива́ется не благодаря́ свои́м тала́нтам, а благодаря́ счастли́вому обстоя́тельству. Если ему́ кто-нибудь что-нибудь сде́лает поле́зное, то он тому́ то́же за э́то что-нибудь сде́лает и́ли даст.

Это, я счита́ю непра́вильно.

Проводи́ли мы па́пу в пла́вание, и че́рез неде́лю ма́ма повезла́ свои́ рабо́ты на вы́ставку в Кла́йпеду, но пе́ред э́тим она́ всё-таки посла́ла меня́ на да́чу к дя́де Мака́ру.

Пожи́л я у них немно́жко, но пото́м мне так стра́шно надое́ло и у меня́ появи́лась интере́сная иде́я доби́ться, что́бы дя́дя Мака́р сам поскоре́е посла́л меня́ обра́тно домо́й. Для э́того я бы, коне́чно, мог чего́-

---

* ро́дственники: родны́е

нибудь устро́ить, но я не хоте́л обижа́ть тётю Лю́бу. Она́ вообще́ хоро́шая же́нщина.

Прошло́ ещё два дня, приезжа́ет из го́рода дя́дя Мака́р, сади́тся обе́дать и сра́зу замеча́ет, что я ску́чный.

Тогда́ он говори́т:

– Понима́ю, почему́ ты тако́й стра́нный. Вся причи́на в том, что нет у тебя́ здесь това́рищей…

Я поду́мал: Коне́чно, бы́ло бы о́чень да́же непло́хо, е́сли сюда́ ко мне заяви́лся Колы́шкин и́ли Ви́тька Бабу́рин, и́ли Же́нька Каре́тников, вообще́ кто-нибудь из на́ших ребя́т.

Я говорю́:

– Я могу́ пригласи́ть… – Дя́дя Мака́р голово́й покача́л*:

– Нужны́ мне здесь твои́ ребя́та, как зуб в носу́*. Уж ка́к-нибудь без них обойдёмся.

Я говорю́:

– Вы́-то обойдётесь.

– А дя́дя Мака́р зако́нчил есть и говори́т:

– Я сам о твоём свобо́дном вре́мени позабо́тился. Бери́ ру́чку, лист бума́ги, я скажу́ что писа́ть, и пошлём* э́то письмо́ одному́ молодо́му челове́ку твои́х лет…

– Како́му молодо́му челове́ку?

– Сейча́с узна́ешь.

Доста́л он из карма́на брюк запи́ску, погляде́л и говори́т:

---

* покача́ть: дви́гать из стороны́ в сто́рону не́сколько раз
* ну́жный … как зуб в носу́: совсе́м нену́жный
* пошлём, от сло́ва посла́ть

— Пиши!

Я ду́маю: пожа́луйста, я напишу́, раз меня́ про́сят. Взял ру́чку, лист бума́ги, сел и написа́л вот э́то письмо́:

«Здра́вствуй, мне пока́ что не изве́стный Ви́ктор! Настоя́щим письмо́м приглаша́ю тебя́ прие́хать в го́сти в оди́н дом, где тебе́ бу́дут со́зданы осо́бенно хоро́шие усло́вия для здоро́вого о́тдыха вме́сте со мной. Сам я учу́сь в сре́дней шко́ле, име́ю хоро́ший успе́х и неплохо́е обще́ственное лицо́. Мы с тобо́й поигра́ем, хорошо́ поеди́м и завя́жем кре́пкую дру́жбу. На сего́дняшний день мы не знако́мы, но мы по-знако́мимся и, коне́чно, найдём о́бщий язы́к. Дорого́й Ви́ктор, приезжа́й в э́то воскресе́нье. От девяти́ до десяти́ утра́ бу́ду ожида́ть тебя́ на ста́нции Песча́нка. А что́бы я тебя́ узна́л, возьми́* гвозди́ку* и положи́ её у себя́ за́ ухо. Яви́сь обяза́тельно, жду тебя́. При-ве́т!»

Дя́дя Мака́р прочита́л и говори́т:

— О́чень хорошо́ получи́лось. Про́сто замеча́тельно. Тепе́рь дава́й пиши́ а́дрес. Я написа́л, как он сказа́л и спра́шиваю:

— Заче́м я писа́л э́то и кому́?

Дя́дя Мака́р говори́т:

— Заче́м писа́л — из письма́ я́сно. Поймёт*. А хо́-

гвозди́ка

---

* возьми́, от сло́ва взять
* поймёт, от сло́ва поня́ть

чешь знать кому? Могу сообщить. Виктору Долгопятову.

– А кто он такой?

– Сын Сергея Александровича.

– Какого Сергея Александровича?

– Долгопятова. Начальника комитета. Понял?

– Нет.

– Мало хлеба ешь, потому и не понял. Дай мне письмо. Пойду лично брошу его в почтовый ящик...

Ушёл дядя Макар, а я подумал: дурак будет этот Виктор, если приедет... Но вообще-то, конечно, неизвестно. Встреча на станции, за ухом гвоздика... А для чего это дяде Макару нужно? Наверно, для того, чтобы мне не было скучно . . . Гвоздика сразу бросится в глаза, знак заметный. В фильмах человека чаще узнают по шраму* на щеке. Но вообще это глупо, если написать: «Чтоб я тебя узнал, явись со шрамом». А если у него нет шрама?

Думал я, думал – и наконец понял, для чего дядя Макар решил пригласить в гости этого мальчика. Дядя Макар сделает приятное сыну Долгопятова, а за это папа Долгопятов сделает что-нибудь приятное дяде Макару.

Не буду рассказывать, что было в четверг, в пятницу и в субботу. Лучше я расскажу, что произошло в воскресенье утром.

На даче ждали гостя. Тётя Люба приготовила чудесный обед.

Да. Так вот, пошёл я в воскресенье утром на

---

* шрам: след на коже, например от несчастного случая

ста́нцию. Пе́рвый по́езд встре́тил – нет ма́льчика с гвозди́кой. Второ́й встре́тил – опя́ть его́ нет...

И вдруг я ви́жу – шага́ет навстре́чу мой ста́рый друг Ви́тька Бабу́рин.

Я говорю́:

– Здра́вствуй, Ви́тька! Ты как сюда́ попа́л?

— К одному́ това́рищу прие́хал.

И тут мне в го́лову уда́рила иде́я.

Я говорю́:

— Ви́тька, твой това́рищ никуда́ не пропадёт. Подожди́. Возмо́жно, мы проведём с тобо́й одну́ небольшу́ю опера́цию...

Ви́тька сра́зу стал весь внима́ние:

— Каку́ю опера́цию?

То́лько я ему́ хоте́л рассказа́ть про свою́ иде́ю, ви́жу, выхо́дит из по́езда невысо́кий па́рень и за́ ухом у него́ торчи́т бе́лая гвозди́ка. Я ду́маю: что де́лать? Подойти́? Нет. Подождёт, споко́йно уе́дет и на обра́тном пути́ удивля́ться бу́дет: кто э́то над ним так пошути́л?...

Я пошёл с Ви́тькой за кио́ск и говорю́:

— Смотри́! Ви́дишь мальчи́шку с гвозди́кой?

— Ви́жу. Ну и что?

Я говорю́:

— Он сего́дня бу́дешь ты.

Ви́тька на меня́ так посмотре́л и говори́т:

— Я ничего́ не понима́ю... Пока́! Пойду́ к това́рищу.

В о́бщем, мину́т че́рез де́сять по доро́ге я рассказа́л Ви́тьке и про письмо́, и про то, что я приду́мал. Ви́тька снача́ла засмея́лся, пото́м заду́мался:

— А вдруг* дя́дя спро́сит про э́того... как его́... про Серге́я Алекса́ндровича?... Что я скажу́? Я же его́ да́же никогда́ не ви́дел.

Я говорю́:

---

* вдруг: е́сли

14

– Это не имеет значения.

Витька ещё немного постоял, потом говорит:

– Я твоего дядю не знаю и он меня тоже. А вдруг он знает того Виктора?

Я говорю:

– Этого не может быть!

– Почему?

– Потому!... Если бы знал, он бы мне обязательно рассказал, как тот Виктор выглядит. Поэтому дядя и придумал гвоздику за ухо.

Тогда Виктор говорит:

– Вообще-то это сразу будет ясно: знает он его или нет. Если дядя при виде меня сделает круглые глаза, значит, всё! Операция не удалась, и я убегу.

Я говорю:

– Правильно. Тогда сразу беги. И я с тобой.

Витька говорит:

– Ладно. Только вот что... ты будь ко мне очень вежлив!

Я говорю:

– Зачем?

А он говорит:

– Чтобы и дяде было видно...

В общем, являемся мы с Витькой на дачу. Смотрим – на крыльце дядя Макар. Стоит и улыбается:

– Прошу к нашему шалашу*!

И тут же спускается с крыльца и подаёт Витьке руку.

С добрым утром, с добрым утром и с хорошим

---

* шалаш: очень маленькая изба из веток

15

днём! Очень прия́тно. Меня́ звать Мака́р Ива́нович, а вы, е́сли не ошиба́юсь, Ви́тя...

– Пра́вильно. Ви́тя.

Я отхожу́ в сто́рону, а Ви́тька де́ржится споко́йно, да́же немно́жко бессты́дно. Он, наве́рно, сра́зу по́нял, что дя́дя Мака́р и́ли не ви́дел, и́ли забы́л того́ Ви́тю, у кото́рого па́па нача́льник комите́та.

Дя́дя Мака́р говори́т прия́тным го́лосом:

– Я смотрю́, вы уже́ познако́мились, молоды́е лю́ди...

Ви́тька говори́т:

– Да. Мы уже́ нашли́ о́бщий язы́к. Ваш ро́дственник Ди́ма произвёл на меня́ хоро́шее впечатле́ние, и у нас завя́жется кре́пкая дру́жба...

Я смотрю́ на Ви́тьку и ду́маю: е́сли он бу́дет продолжа́ть в том же ду́хе, я засмею́сь, и всё ко́нчится.

А Ви́тька пока́ что сел на скаме́йку и говори́т:

– Ди́ма, принеси́ мне стака́н воды́. Мне хо́чется пить с доро́ги.

Дя́дя Мака́р предлага́ет:

– Мо́жет, жела́ете с фру́ктами?

Ви́тька говори́т:

– Мо́жно и с фру́ктами.

Я иду́ за водо́й для Ви́тьки и слы́шу, как дя́дя Мака́р спра́шивает у него́:

– Как ваш па́па себя́ чу́вствует?

– Хорошо́. Спаси́бо.

– Я слы́шал, Серге́й Алекса́ндрович о́чень лю́бит ры́бу лови́ть...

Я стою́, беру́ во́ду и не спешу́ выходи́ть. Вдруг

холоди́льник

ма́монт

Ви́тька заговори́т нену́жное, и на́ша опера́ция не
уда́стся. Но нет, Ви́тька игра́л хорошо́ свою́ роль:

– Лови́ть ры́бу – э́то поле́зное заня́тие, хоро́ший
о́тдых, и, кро́ме того́, ры́ба вку́сная вещь...

Ви́тька сообща́ет всё э́то как раз в ту секу́нду,
когда́ я подаю́ ему́ стака́н воды́.

Ви́тька вы́пил чуть-чуть воды́ и заявля́ет:

– Ди́ма, вода́ недоста́точно холо́дная. У вас име́-
ется холоди́льник*?

Дя́дя Мака́р говори́т:

– Да, коне́чно!... Ди́ма, принеси́ своему́ дру́гу
льду*. Холо́дная вода́ даёт но́вые си́лы...

Я иду́ за льдом, а Ви́тька расска́зывает:

– Неда́вно где-то нашли́ ма́монта*, у кото́рого
ко́жа и да́же мя́со бы́ли совсе́м све́жие. Зна́ете по-
чему́? Потому́ что ма́монт мно́го веко́в лежа́л о́чень
глубоко́ подо льдом и землёй.

Я приношу́ Ви́тьке лёд. Он берёт кусо́чек и броса́ет
к себе́ в стака́н.

Дя́дя Мака́р спра́шивает:

– Слы́шал, что сейча́с Ви́тя рассказа́л? – Я кива́ю

---

* льду, от сло́ва лёд

головой, так как и́менно я пе́рвый прочита́л об э́том ма́монте и рассказа́л Ви́тьке.

А дя́дя Мака́р не́жно смо́трит на Ви́тьку:

– Я не спроси́л, вы за́втракали?

Ви́тька говори́т:

– Вообще́-то я с па́пой поза́втракал, но по́сле доро́ги я с удово́льствием... Так что я не возража́ю...

Прошло́ мину́т пять, не бо́льше, и на столе́ появи́лся за́втрак.

Ви́тька всё про́бует. Вообще́ он ма́стер мно́го есть. Нас тро́е за столо́м. Тётя Лю́ба куда́-то ушла́, и хозя́ин за столо́м тепе́рь дя́дя Мака́р. И так он внима́телен к Ви́тьке, так угоща́ет его́, что со сме́ху мо́жно умере́ть.

А Ви́тька ест и с по́лным ртом* говори́т:

– Верну́сь в го́род, расскажу́ па́пе, как вы меня́ угоща́ли и вообще́...

Смотрю́, дя́дя Мака́р с го́рдостью улыба́ется во всё лицо́:

– Скажи́те, мол, провели́ день в гостя́х, в обстано́вке дру́жбы и в по́лном понима́нии...

А я ем и чу́вствую, меня́ смех берёт. По́лное-то понима́ние друг дру́га то́лько у меня́ с Ви́тькой.

А Ви́тька уже́ сел в кре́сло и спра́шивает:

– Ди́ма, ты лю́бишь стихи́ чита́ть?

Мо́жете себе́ предста́вить, как ему́ не сты́дно! Меня́ так спра́шивает, и го́лос у него́, при том, то́чно, как у на́шего учи́теля.

Я отве́тить не успе́л, а дя́дя Мака́р рад стара́ться:

---

* ртом, от сло́ва рот

– Вы зна́ете, Ви́тя, он у нас...

– Говори́те мне «ты», – заявля́ет Ви́тька дя́де Мака́ру и смо́трит на меня́ свои́ми бессты́дными глаза́ми. – Прочита́й мне что-нибудь...

Что де́лать? Я становлю́сь в по́зу* и чита́ю стихи́ М. Ю. Ле́рмонтова:

Выхожу́ оди́н я на доро́гу...

Чита́ю, а сам ду́маю: большо́й бу́дет теа́тр, когда́ ребя́та узна́ют о моём выступле́нии пе́ред Ви́тькой Бабу́риным.

Всё то́чно я вам расска́зывать не бу́ду.

Я то́лько скажу́, что Ви́тька оста́лся на да́че часо́в пять, е́сли не бо́льше. Дя́дя Мака́р тяжело́ дыша́л, но игра́л с ним, и да́же спел ему́ каку́ю-то пе́сню.

Ви́тька всё вре́мя находи́лся в це́нтре внима́ния, а я был то́лько как пя́тое колесо́. Я занима́л дорого́го го́стя – то я ему́ что-нибудь подава́л, то что-нибудь приноси́л.

И вдруг Ви́тька заговори́л.

– Ди́ма! – сказа́л он гро́мко. – Мне надое́ло врать! Я, коне́чно, понима́ю, почему́ ты себя́ так ведёшь. То́лько потому́, что мой па́па занима́ет о́чень высо́кое положе́ние.

Дя́дя Мака́р вздохну́л, а я про себя́ сказа́л:

– Ви́тька, э́то ста́ро! Пе́рвый раз ты был остёр в шко́ле, когда́ ты всем сообщи́л, что твой оте́ц команди́р самолёта «ИЛ 62».

По́сле обе́да мы все отпра́вились на ста́нцию.

---

* по́за: положе́ние те́ла

Я вошёл в вагон поезда и сказал:

– Провожу своего друга до самого дома.

– Правильно! Привет Сергею Александровичу! – сказал дядя Макар, когда мы с Витькой смотрели из окна.

– А кто он такой? – спросил Витька.

– Твой папа, если не ошибаюсь.

– Вы ошибаетесь. Моего папу зовут Георгий Иванович.

– Что?!

Дядя Макар весь покраснел. Он круглыми глазами смотрел на Витьку, потом на меня и, наверно, только тогда понял.

– Спасибо за внимание! – сказал Витька.

– И тут поезд двинулся и пошёл.

Мы из окна смотрели на дядю Макара, и всё время, пока мы его видели, он стоял и вслед нам грозил кулаком.

ВОПРО́СЫ

1. Како́й у Ди́мы гла́вный недоста́ток?
2. О чём он бу́дет расска́зывать?
3. Чем занима́лся его́ па́па?
4. Как ма́ма в шу́тку называ́ла Ди́му?
5. Где познако́мились его́ роди́тели?
6. Что быва́ет в Ленингра́де?
7. Куда́ Ди́ма хоте́л пое́хать?
8. Почему́ он был стра́нным?
9. О чём позабо́тился дя́дя Мака́р?
10. Кому́ Ди́ма написа́л письмо́?
11. О чём он ду́мал, когда́ дя́дя Мака́р ушёл с письмо́м?
12. Кого́ он уви́дел на ста́нции?
13. Что он рассказа́л Ви́тьке?
14. Кто приду́мал гвозди́ку за́ ухом?
15. О чём говори́л дя́дя Мака́р с Ви́тькой?
16. Как прошёл за́втрак?
17. Как до́лго оста́лся Ви́тька на да́че?
18. Что они́ сде́лали по́сле обе́да?
19. Что сде́лал дя́дя Мака́р, когда́ он всё по́нял?

АКТИВНЫЙ ОТДЫХ

Я жалею, что вы меня сейчас не видите. Я недавно вернулся из отпуска*, у меня свежий вид, я здоровый, загорелый, а то, что я не-не-емножко заикаюсь*, не имеет значения. Это уже проходит.

Свой отпуск в этом году я решил провести где-нибудь около лесов и озёр, в мире тишины и покоя. И вот, я уже имел возможность получить путёвку* в дом отдыха, когда я встретил Сашку Шилобреева.
– Старик! Ты собираешься в дом отдыха? Ты сошёл с ума! – закричал Сашка. – Стыдно тебе, жалко мне тебя!... Забудь про дом отдыха. Ты должен отдыхать активно!...

– Понимаешь, я не совсем здоров, – соврал я.

– Что с тобой, жалкий симулянт*?

– У меня это... блуждающая почка*.

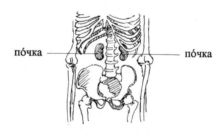

почка ——————————— почка

---

* отпуск: свободное от работы время, чтобы отдыхать
* заикаться: повторять невольно одни и те же звуки
* путёвка: документ, который даёт право отдыхать в доме отдыха
* симулянт: здоровый человек, который представляется больным
* блуждающая почка: болезнь, когда двигается почка

– Прекрасно! Тем более! Видишь, даже почка у тебя и та двигается, а ты собираешься сидеть на одном месте. И где? В доме отдыха. Запомни – человек получает силу в борьбе с трудностями!

– А у меня уже есть сила. Трудности были.

– Какие?

– С путёвкой. Пока достал. Вот нужно идти брать её, уже деньги в кармане.

– Брось! – решительно сказал Сашка. – Держи курс на юг. Я тебе сейчас дам адрес. Ты себе только представь: белый домик, синее небо, чёрное море, зелёный сад – чего тебе ещё надо? Пиши адрес и благодари бога, что меня встретил.

– Подожди, – сказал я, – а как там кормят?

– Ты меня просто смешишь*, – закричал Саша. – Робинзон Крузо и тот с голоду не умер.

– У Робинзона был Пятница...

– А у тебя будут три пятницы, если не все четыре. Что же ты, за месяц не устроишься?... И потом – там есть столовая. Давай не теряй времени, пиши адрес.

Я согласился и написал адрес.

– Фамилию хозяина я забыл, – сказал Сашка, – но это неважно. Зовут его дядя Коля. Передашь ему от меня привет, и ты в полном порядке. Понял?...

Сашка убежал, а я, человек слабой воли, вместо того, чтобы потерять этот адрес, отказался от путёвки, собрал вещи и поехал.

---

* смешить: заставить смеяться

сарай   занавеска   терра́

Ка-ака́я там приро́да я вам расска́зывать не бу́ду.
Скажу́ то́лько, что бы́ло э́то на ю́ге, на берегу́ Чёр-
ного мо́ря.

Дя́дя Ко́ля оказа́лся челове́ком, кото́рый зна́ет
своё де́ло.

– Приве́т вам от Са́ши Шилобре́ева, – сказа́л я.

На мои́ слова́ он не обрати́л никако́го внима́ния.

чердак

гамак   навес

Дядя Коля открыл довольно грязную карманную книжку, заглянул в неё и начал громко думать:

— Стало быть, так... Учителя с женой из сарая* под навес*, где печь. Артиста из чулана* в гамак*. Рыбаковых двоих на террасу* к рыжей. Туда же за

---

* чулан: помещение в доме, где прячут разные вещи

складна́я крова́ть

занаве́ску* мо́жно и па́ру из Сара́това, им всего́ три
дня жить оста́лось, у них биле́ты в карма́не. Сту-
де́нта на деревя́нную скаме́йку у воро́т, а вас мо́ж-
но на черда́к*. Или нет, на чердаке́ ме́сто на двои́х.
Вас я, пожа́луй, положу́ под велосипе́д...

– Ку-куда́? – спроси́л я. В то вре́мя я ещё не заи-
ка́лся. Я про́сто спроси́л: – Куда́?

– В о́бщем, так. Вы оставля́йте ве́щи, да́йте де́ньги
вперёд, а са́ми иди́те пока́ гуля́йте. К ве́черу придёте, всё бу́дет гото́во.

Ве́чером действи́тельно всё бы́ло гото́во. Дя́дя
Ко́ля повёл меня́ в чула́н, где стоя́ла складна́я кро-
ва́ть*. Я так уста́л за день, что да́же не успе́л:

а) порази́ться, како́й чула́н у́зкий – и

б) узна́ть у дя́ди Ко́ли, что значи́ла его́ стра́нная
фра́за «вас я положу́ под велосипе́д».

Всё ста́ло я́сно само́ собо́й. Среди́ но́чи я просну́лся
и, не понима́я, где я нахожу́сь, приня́лся иска́ть по
стене́ выключа́теля*. Я, наве́рно, де́йствовал сли́ш-
ком не́рвно. Что́-то я нашёл руко́й, за что́-то потяну́л,
и на меня́ со стены́ с шу́мом упа́л велосипе́д, умно́
завя́занный в мешо́к.

---

* занаве́ска: см. стр. 24
* черда́к: см. стр. 25
* выключа́тель: аппара́т, чем выключа́ется и включа́ется
свет, ра́дио и т. п.

Тут же вспыхнул свет. От боли в боку, я коротко отвечал на вопросы множества любопытных*. Все они оказались моими соседями.

Последним в чулан заглянул дядя Коля. Он пришёл в ночной одежде.

Как я вам уже говорил, дядя Коля знал своё дело. Каждые сутки брал по рублю с человека, что помогло ему сделать из своего дома Ноев ковчег*, но этот дом отмечался только тем, что пассажиры ковчега дяди Коли были все равны. Он не считал их чистыми и нечистыми. Здесь были все чисты, так как рядом было море.

Дядя Коля был крупным психологом. Он знал, что южное солнце и шум морской волны делают людей добрыми. В самом деле, кому придёт в голову жаловаться на то, что в доме мало места, когда дом, можно сказать, рай* на земле?

Однако я несколько отошёл от темы. Дядя Коля вынес из чулана велосипед, и я почувствовал себя спокойнее. Когда я почти заснул, я вдруг услышал ласковый женский голос:

– Скажи честно – ты испугался?

– Нет. Не испугался, – живо ответил я, удивляясь близкому «ты».

– Извините, это я не вам, это я у мужа спрашиваю, – ответил женский голос из-за занавески.

– А вы где? – спросил я.

---

* любопытный: желающий всё видеть и слышать
* Ноев ковчег: корабль, в котором в древние времена спасся Ной с семьёй и животными
* рай: место, куда люди желают попасть после смерти

– Мы тут, – ба́сом отве́тил мужчи́на.

– Мы Рыбако́вы, – объясни́ла же́нщина.

– Очень прия́тно. Это, зна́чит, вас посла́ли на терра́су к ры́жей?

– Что вы сказа́ли? Для меня́ э́то но́во, – послы́шался из-за занаве́ски друго́й же́нский го́лос. – Кто вам дал пра́во называ́ть меня́ ры́жей?

– Прошу́ меня́ прости́ть, – сказа́л я. – Споко́йной но́чи.

– Споко́йной но́чи! – донесло́сь све́рху, по-ви́димому с чердака́.

– Това́рищи, дава́йте спать! – донёсся но́вый го́лос, на э́тот раз, вероя́тно из по́греба*.

Утром, когда́ я просну́лся, в до́ме бы́ло ти́хо. Все куда́-то ушли́. В саду́ сиде́л дя́дя Ко́ля.

– До́брое у́тро, – кивну́л дя́дя Ко́ля. – Как вы себя́ чу́вствуете?

– Ничего́. Жив, как ви́дите.

– Спа́ли сли́шком до́лго. Тепе́рь на пля́же* стоя́ть придётся.

– Пляж – не авто́бус.

– Это ве́рно, – согласи́лся дя́дя Ко́ля, – в авто́бусе бо́льше ме́ста. Вот лежа́чее ме́сто* гото́влю, госте́й ожида́ю.

– Ещё госте́й?... Куда́ ж вы их помести́те?

– Найдём куда́. Тут тро́е проси́лись с ве́чера – муж, жена́ и мальчи́шка. Ви́дите, вон соба́чья бу́дка*

---

* по́греб: помеще́ние под до́мом
* пляж: морско́й бе́рег, отку́да мо́жно купа́ться
* лежа́чее ме́сто: ме́сто, где мо́жно лежа́ть

цепь

собачья
будка

стои́т больша́я. Если её покры́ть кра́ской, полу́чится вро́де дворца́... Как вы счита́ете, нельзя́ туда́ мальчи́шку на вре́мя помести́ть? А?

– Коне́чно, мо́жно, – сказа́л я, – сажа́йте его́ в бу́дку. А но́чью, чтобы роди́тели не беспоко́ились, посади́те его́ на́ цепь* в бу́дку.

– На́ цепь? – удивлённо спроси́л дя́дя Ко́ля. – Это заче́м же?

– Что́бы бу́дка не исче́зла.

– Шу́тите, – вздохну́л дя́дя Ко́ля.

То-огда́ я ещё шути́л. Дня че́рез два мне бы́ло уже́ не до шу́ток.

Для того́ чтобы вы предста́вили себе́ ме́стный пляж, сде́лайте несло́жный о́пыт. Откро́йте ба́нку шпрот* и положи́те их на ма́ленькую таре́лку. То, что вы уви́дите на таре́лке, даст вам настоя́щую карти́ну.

Глу́пый челове́к, я пришёл на пляж у́тром. С уча́стием погляде́л на меня́ загоре́лый челове́к и сказа́л:

ба́нка шпрот

– Если судить по цвету вашей кожи, вы человек новый. Для получения места под солнцем вам надо явиться на пляж за час до солнца. Тут не солнце вас должно встречать, а вы должны встречать солнце. Сегодня-то вам повезло...

– В каком смысле?

– Мне надо бежать за билетом. Так что ложитесь на моё место. А если те, кто ожидает места, поднимут шум, я скажу, что вы лежали за мной и теперь ваша очередь.

Та-ак началась моя жизнь, как дикий человек. Я вспомнил Сашкины слова – человек получает силу в борьбе с трудностями, и начал делать себя сильным. С ночи я уже занимал себе место на пляже. В очереди в столовой я стал сильным, загорелым. Мне надоела моя твёрдая кровать, которая совсем не подходила для нормального отдыха. Я снял себе в магазине кресло-кровать. В первый же вечер произошло чудо*. Когда я повернулся на другой бок, раздался резкий звук, и кровать стала креслом, но при этом обняла меня так, что пришлось Рыбаковым освободить меня.

За неделю до того, как я хотел уехать, дядя Коля поместил меня с моею кроватью из чулана на чердак. Там было прекрасно. Из маленького окна открывался красивый вид.

Вы мо-можете спросить, почему я не оставил дом дяди Коли и не пошёл искать более удобных

---

* чудо: непонятный по законам природы случай

усло́вий жи́зни. Спроси́те, и я вам отве́чу. Оди́н раз я э́то попро́бовал. Я ка́к-то зашёл в ма́ленький двор, кото́рый мне понра́вился. Пе́рвый, кого́ я уви́дел, был челове́к с бородо́й, кото́рый спал споко́йным сном. Из до́ма доноси́лись гро́мкие голоса́ люде́й, а ещё гро́мче игра́ло ра́дио.

Так вот – я жил на чердаке́. Я жил оди́н.

К вопро́су, был ли я одино́ким, я ещё не сказа́л вам, что я стал о́чень дру́жен с той, кото́рую про́сто назва́л ры́жей. Она́ оказа́лась ми́лой у́мной молодо́й же́нщиной, то́же из Москвы́.

– Дава́йте встре́тим рассве́т* у мо́ря, – ка́к-то сказа́л я.

– Дава́йте, – согласи́лась она́.

Ро́вно в по́лночь, не зажига́я огня́, я хоте́л спусти́ться с чердака́. Моя́ нога́ поиска́ла ле́стницу, но ле́стницы не́ было на ме́сте. Её, наве́рно, куда́-то убра́л дя́дя Ко́ля. Тогда́ я вы́лез на кры́шу.

– Ку-ку, – услы́шал я из темноты́ знако́мый же́нский го́лос.

– Ку-ку! – отве́тил я и пры́гнул вниз, где, по моему́ мне́нию, находи́лись кусты́.

Произошло́ сле́дующее. Во́зле до́ма, ря́дом с ме́стом, куда́ я пры́гнул, стоя́л, как обнару́жилось в дальне́йшем, студе́нт Ф. и его́ подру́га М. Они́ целова́лись. Я пры́гнул, но не косну́лся их, так как я ле-е-те́л чуть ле́вее и попа́л пря́мо в большу́ю бо́чку*, по́лную воды́ по́сле дождя́.

---

* рассве́т: нача́ло у́тра
* бо́чка: см. стр. 32

бочка

Если бы студе́нт и его́ подру́га не целова́лись, они́ бы, наве́рно, сра́зу закрича́ли. Мои́ глу́пые слова́: «Извини́те, ка́жется, я не туда́ попа́л!» – вы́звали у них снача́ла лёгкое смуще́ние, а пото́м стра́шный смех.

А я... Когда́ я оде́тый в другу́ю оде́жду пошёл к мо́рю с той, кото́рая но́чью ку-ку говори́ла, я вдруг ощути́л, что чуть-чуть за-заика́юсь. Но вы замеча́ете, у меня́ э́то уже́ прохо́дит.

Сейча́с октя́брь на дворе́. Я уже́ на́чал рабо́тать. И она́ уже́ рабо́тает. Мы встреча́емся ка́ждый день. Я сча́стлив и не сержу́сь на Са́шку Шилобре́ева. Бо́льше того́ – я ему́ благода́рен. Я себя́ отли́чно чу́вствую. Я стал си́льным. И тепе́рь мне, верне́е – нам, уже́ не стра́шен ни-ни-ика́кой о́тдых.

ВОПРÓСЫ

1. Почемý áвтор жалéет, что вы егó сейчáс не вúдите?
2. Где он решúл провестú óтпуск?
3. Что сказáл емý Сáшка?
4. Кудá он поéхал?
5. Где он провёл óтпуск?
6. Чемý он не успéл поразúться?
7. Что случúлось нóчью?
8. Почемý на пляже нé было мéста?
9. Как áвтор нáчал жить?
10. Почемý он не остáвил дом дяди Кóли?
11. С кем он стал дрýжен?
12. Что он сдéлал в пóлночь?
13. Кудá он попáл, когдá прыгал с крыши?
14. Когдá он замéтил, что заикáется?
15. Почемý он не сéрдится на Сáшку?

ЖУ́ТКАЯ* ИСТО́РИЯ

На днях в наро́дном суде́ мы слу́шали интере́сное де́ло. Обвиня́ли* одного́ старика́ в хулига́нских* де́йствиях.

Председа́тель суда́ стро́го посмотре́л в зал, соверше́нно неожи́данно улыбну́лся и, сно́ва серьёзно, сказа́л:

— Граждани́н Ша́почкин, расскажи́те, то́лько по возмо́жности ко́ротко, как бы́ло де́ло.

Со скаме́йки подня́лся кре́пкий стари́к лет шести́десяти с бородо́й и хи́трыми глаза́ми.

— Де́ло, зна́чит, бы́ло так, гра́ждане су́дьи. Прие́хал я в го́род к му́жу мое́й сестры́ Михаи́лу Петро́вичу в го́сти, по слу́чаю того́, что он получи́л де́ньги за отли́чную рабо́ту, на́до бы́ло отме́тить тако́й день. Ну коне́чно, стол накры́т – ры́ба, мя́со...

— Граждани́н Ша́почкин, нам про ры́бу не интере́сно слу́шать. Вы про де́ло расскажи́те.

— Я про де́ло и говорю́. Пообе́дал я, вы́пил и домо́й собра́лся. А живу́ я где? Живу́ я в Кузы́кине.

Прие́хал на вокза́л, гляжу́, кака́я беда́, после́дний по́езд ушёл. Вре́мя ночно́е, что ты бу́дешь де́лать?... Дай, ду́маю, вы́йду на доро́гу, мо́жет, маши́на кака́я возьмёт меня́ с собо́й. Да. Ну, вы́шел я на доро́гу.

---

* жу́ткий: ужа́сный
* обвиня́ть: счита́ть винова́тым
* хулига́н: челове́к, кото́рый гру́бо меша́ет обще́ственному поря́дку

усы́

Как маши́на ми́мо прохо́дит, я ру́ку поднима́ю,
поня́ть даю́, что́бы, зна́чит, меня́ в маши́ну взя́ли.
Одна́ маши́на прошла́, друга́я, тре́тья – и всё никако́го
внима́ния. Ду́маю – что же де́лать?... И вдруг,

36

гра́ждане су́дьи, остана́вливается грузова́я маши́на*, и э́тот вот с уса́ми*, – стари́к указа́л на челове́ка с уса́ми, кото́рый сиде́л в пе́рвом ряду́, – кричи́т из маши́ны: «Дава́й, дед, сади́сь в ку́зов*, то́лько

---

* грузова́я маши́на: см. стр. 38
* ку́зов: см. стр. 38

кузов

грузова́я маши́на

по-бы́строму. Помо́жем тебе́ из уваже́ния к твои́м года́м!...»

Ну, я, ста́ло быть, влез в ку́зов, и маши́на пошла́. А пого́да, гра́ждане су́дьи, си́льно холо́дная была́. И моро́з и ве́тер. А ку́зов соверше́нно откры́тый. Я в у́гол устро́ился, а э́тот вот с уса́ми, кото́рый с шофёром* сиде́л, мне сквозь стекло́ кричи́т: «Как, дед, не хо́лодно?...» А я ему́ руко́й так де́лаю, вро́де ничего́, живо́й. Да. Едем мы э́то так, а моро́з стано́вится кре́пче. Огляну́лся я, гра́ждане су́дьи. Мо́жет, ду́маю, найду́, что́-нибудь чем от ве́тра и от моро́за спря́таться. Мо́жет, до́ску и́ли мешо́к. Нога́ми попро́бовал иска́ть, пото́м гляжу́: что за чёрт – гроб*. Стои́т в ку́зове гроб закры́тый. Снача́ла я испуга́лся немно́го, а пото́м откры́л кры́шку*, гляжу́ – никого́. Тогда́ я ду́маю – чего́ ж тако́е отли́чное сухо́е помеще́ние зря пусты́м стоя́ть бу́дет. Лёг я в э́тот гроб и

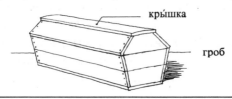

кры́шка

гроб

---

* шофёр: челове́к, кото́рый во́дит маши́ну

закры́лся, чтоб от моро́за… А по́сле согре́лся* под влия́нием обе́да и засну́л… Вот и всё.

– Да́льше?

– Чего́ же да́льше? Да́льше пусть они́ расска́зывают.

Председа́тель помолча́л. Бы́ло ви́дно, что ему́ не легко́ сохраня́ть стро́гое выраже́ние лица́.

– Потерпе́вший* граждани́н Куку́ев, доба́вьте к обьясне́нию граждани́на Ша́почкина, – сказа́л председа́тель, обраща́ясь к одному́ из гру́ппы здоро́вых парне́й с гру́быми от ве́тра ли́цами.

Куку́ев встал и вы́шел вперёд.

– Гра́ждане су́дьи, э́того старика́, верне́е сказа́ть, э́ту маши́ну мы встре́тили у вокза́ла. Она́ стоя́ла и ожида́ла, пока́ да́льний по́езд пройдёт. А нам в Зава́льцево на́до бы́ло. Мы там рабо́таем. Мы к маши́не подошли́, про́сим: «Не возьмёте ли нас с собо́й до Зава́льцева?» Тогда́ э́тот вот това́рищ с уса́ми, кото́рый с шофёром сиде́л, говори́т: «Дава́йте, ребя́та, то́лько по-бы́строму, сади́тесь. Вам не ску́чно бу́дет, там у вас в ку́зове попу́тчик* име́ется». Ну, мы и се́ли в ку́зов…

– Кто – мы?

– Нас пять челове́к. Мы все тут. Я, Сува́ев, Замы́лкин, Богачёв и Ля́мзин. Маши́на пошла́. Мы гляди́м – гроб. Ду́маем – хоро́ший у нас попу́тчик. А что де́лать. Еха́ть ведь всё равно́ на́до. Стои́м мы

---

* согре́ться: стать тёплым
* потерпе́вший: тот, кто пострада́л от чего́-нибудь
* попу́тчик: челове́к, кото́рый идёт и́ли е́дет по одному́ с кем-нибудь пути́

в ку́зове и, сказа́ть по пра́вде, не интере́сно нам на гроб смотре́ть. Мы в сто́роны гляди́м. А моро́з стра́шный. Тот стари́к насчёт пого́ды то́чно сказа́л. В о́бщем, е́дем э́то мы, вдруг Ля́мзин огля́дывается и говори́т: «Ох, ребя́та, что мне сейча́с показа́лось». А Богочёв говори́т: «Ты дава́й не огля́дывайся, ничего́ там нет интере́сного.» А он говори́т: «Ребя́та, и́ли мне показа́лось, и́ли э́то то́чно, но, по-мо́ему, гроб дви́гается». А Богочёв говори́т: «Брось ты э́ти глу́пые слова́!... Доро́га неро́вная, поэ́тому гроб и шеве́лится.» А Ля́мзин говори́т: «Нет, ребя́та, э́то не от неро́вной доро́ги». Тут мы все на гроб огля́дываемся. Вдруг, ви́дим, кры́шка поднима́ется, из гро́ба э́тот вот бессты́дный стари́к встаёт и говори́т: «Вро́де немно́го ста́ло тепле́е...» Тут мы, гра́ждане су́дьи, все на по́лном ходу́ с маши́ны вон!...

– Вы что, испуга́лись?

– Как же не испуга́ться?... Раз он поко́йник*, зна́чит, он, до́лжен лежа́ть, а не хулига́ничать*!...

– А что случи́лось с ва́шей ного́й, граждани́н Куку́ев?

– Но́гу – э́то я, когда́ с машны́ пры́гал, уда́рил обо что́-то.

– Ока́зывается, граждани́н Куку́ев, вы и ва́ши това́рищи – молоды́е лю́ди – всё ещё отстаёте от на́шего вре́мени и ве́рите, что поко́йники мо́гут встать. А э́то сты́дно. Если не сказа́ть – смешно́.

– Пра́вильно! – сказа́л стари́к Ша́почкин.

---

* поко́йник: мёртвый челове́к
* хулига́ничать: вести́ себя́ как хулига́н

– А почему́ вы, граждани́н Пря́хин, не приказа́ли останови́ть маши́ну, когда́ вы ви́дели, что лю́ди на по́лном ходу́ с маши́ны пры́гали?

Пря́хин – челове́к с уса́ми – встал.

– И́менно ли́чно я не вида́л, что они́ пры́гали и не слы́шал, так как маши́на на́ша шла с необыкнове́нной ско́ростью.

Шофёр, кото́рый сиде́л ря́дом с Пря́хиным, внеза́пно переста́л улыба́ться.

– Э́то не отно́сится к де́лу, – сказа́л шофёр.

– Нет, э́то о́чень да́же отно́сится к де́лу, – сказа́л председа́тель. – Вы отве́тите за э́ту ва́шу необыкнове́нную ско́рость.

– Но всё в поря́дке, – жа́лким го́лосом сказа́л шофёр.

– Все жи́вы – здоро́вы, – сказа́л Пря́хин.

– До́лжен быть поря́док, – заключи́л стари́к Ша́почкин, – а то что же э́то получа́ется – гоня́ют* маши́ны, че́рти, а говоря́т винова́ты поко́йники. Хулига́нство*!

---

* гоня́ть: е́хать о́чень бы́стро
* хулига́нство: посту́пок хулига́на

ВОПРÓСЫ

1. Где мы слýшали интерéсное дéло?
2. Когó спрáшивал председáтель о дéле?
3. Что расскáзывал старúк Шáпочкин?
4. Почемý Шáпочкин не поéхал на пóезде?
5. Какúм óбразом он поéхал?
6. Какáя былá машúна?
7. Что стоя́ло на машúне?
8. Почемý Шáпочкин лёг в гроб?
9. Кто ещё поéхал на машúне?
10. Кудá éхали рабóчие?
11. Что показáлось одномý рабóчему?
12. Почемý онú испугáлись?
13. Что сдéлали рабóчие?
14. Почемý шофёр не остановúл машúну?
15. Как éхала машúна?
16. Что сказáл Шáпочкин наконéц?

СИЛЬНАЯ РУКА

Не зна́ю – отку́да во мне сто́лько несме́лости... Она́ и то́лько она́ заставля́ет меня́ ино́й раз выбира́ть лёгкий путь. В э́том сты́дно призна́ться, но е́сли, наприме́р, до моего́ свида́ния с нача́льником кто-нибудь ска́жет ему́ хоро́шее сло́во обо мне, то у меня́ как бу́дто начина́ют расти́ кры́лья для полёта*, я де́лаюсь споко́йным и уве́ренным в со́бственные си́лы. Говорю́ я э́то с еди́нственной це́лью убеди́ть вас, что я понима́ю свой недоста́ток.

То, о чём я хочу́ рассказа́ть, произошло́ дово́льно неда́вно. Скажу́ ко́ротко – мне необходи́мо бы́ло, чтобы нача́льник разреши́л мне перейти́ на другу́ю рабо́ту, кото́рая подхо́дит бо́льше и мои́м зна́ниям и возмо́жностям.

Каза́лось бы, всё про́сто? Нет. На́до име́ть сме́лость на серьёзный разгово́р с нача́льником, проси́ть, добива́ться, а э́то, как говори́тся, вы́ше мои́х сил.

Есть у меня́ прия́тель, мы когда́-то вме́сте учи́лись, дружи́ли. Сего́дня он весьма́ знамени́тый челове́к, изве́стный всей стране́. Я не бу́ду называ́ть ни профе́ссии, ни и́мени его́, ни фами́лии. Впро́чем, и́мя я могу́ назва́ть – Константи́н, Ко́стя. В де́тские го́ды его́ зва́ли Ко́тькой. Живо́й, кре́пкий, весёлый па́рень.

---

* полёт: движе́ние пти́цы в во́здухе

Сейча́с, как я вам уже́ сказа́л, Ко́стя у всех на виду́. Его́ фотогра́фии мо́жно встре́тить в газе́тах, то он сиди́т среди́ това́рищей по профе́ссии, то ещё с ке́м-нибудь. С года́ми Ко́стя измени́лся, э́то поня́тно, но, всё-таки, в чём-то оста́лся пре́жним Ко́тькой.

В тот ве́чер я был во Дворце́ спо́рта. И вот во вре́мя переры́ва*, когда́ я стоя́л и кури́л, кто́-то, неслы́шно подошёл сза́ди, закры́л мне ладо́нями глаза́. По ладо́ням я чу́вствовал, что э́то был мужчи́на. Я поду́мал не́сколько секу́нд и твёрдо сказа́л:

– Ко́тька!

Челове́к опусти́л ру́ки, я оберну́лся и, к со́бственному удивле́нию, уви́дел, что не оши́бся – пе́редо мной стоя́л Ко́стя.

– Как э́то ты сра́зу узна́л?

– Интуи́ция, – сказа́л я.

Мы поменя́лись впечатле́ниями о спо́рте, а пото́м Ко́стя спроси́л:

– Ты что за́втра де́лаешь во второ́й полови́не дня?

– У меня́ ещё не́сколько свобо́дных дней.

– Запиши́ мой дома́шний а́дрес.

– Заче́м мне запи́сывать? Я его́ по́мню.

– Забу́дь. Мы уже́ ме́сяц, как там не живём. Жду тебя́ за́втра в четы́ре часа́, посиди́м, поговори́м, вы́пьем по рю́мке* коньяку́ и реши́м все пробле́мы жи́зни.

– У тебя́ бу́дут го́сти?

– Да. Зайдёт оди́н това́рищ.

---

* переры́в: па́уза
* рю́мка: ма́ленький стака́н для вина́

44

– Кто?

– Ты. Меня жена оставила на неделю. К маме поехала в Ригу. Давай, давай, пиши адрес, не теряй времени.

На следующий день перед встречей с Костей я даже в мыслях не имел говорить с ним о моём деле. Я просто шёл к старому товарищу посидеть час-другой, поговорить, и, кроме того, честно признаюсь, мне хотелось из любопытства поглядеть на него и лишний раз убедиться, что уж для меня-то он, наверное, остался прежним Котькой.

Потом, у него дома, когда мы посмотрели на Москву из окна двенадцатого этажа, осмотрели его новую квартиру, сели в кухню и пили коньяк, я рассказал ему, что мне предстоит разговор с начальником, и какое волнение вызывает он у меня. Костя лично его не знал. Для Кости это не имело никакого значения, потому что Костю-то мой начальник не мог не знать.

– Если ты вдруг сам решишь позвонить ему, он, конечно, сразу догадается, что ты это сделал по моей просьбе, а я стою рядом и с тревогой жду, что он ответит.

Костя пожал плечами и перешёл на другую тему.

Получилось неловко – пришёл я к другу и вместо беседы и воспоминаний о юных днях не нашёл ничего лучшего, как начать говорить о том, какую важную роль может сыграть Костин телефонный звонок.

– Чего ты вдруг замолчал? – спросил Костя.

– Ругаю себя.

– Мо́лча?

– Это ведь лу́чше, моё воспита́ние не разреша́ет ина́че… В о́бщем, счита́й, что я тебе́ ничего́ не говори́л.

– Пу-пу-пу́ру-пу-пу… – негро́мко запе́л Ко́стя и закури́л. А пото́м помолча́л и спроси́л:

– Ты что же, в са́мом де́ле счита́ешь, что мой звоно́к мо́жет подейство́вать на твоего́ нача́льника?

Мне показа́лось, что Ко́стя ждал, что я скажу́: «Как же твой звоно́к мо́жет не подейство́вать?»

– Поговори́м о чём-нибудь друго́м, – сказа́л я. – Ты ходи́л зимо́й на лы́жах?

– Да, ходи́л…

Ко́стя колеба́лся, я э́то ви́дел.

– Мы ка́к-то в Звени́город е́здили, – сказа́л я, – там замеча́тельные места́…

– Ла́дно, – сказа́л Ко́стя, – ты зна́ешь но́мер его́ телефо́на?

– Всё-таки хо́чешь ему́ позвони́ть?

– Да.

– А мо́жет… не сто́ит?

– Сто́ит. Как его́ зову́т?

– Анато́лий Андре́евич. Вот но́мер его́ телефо́на, но он…

– Что?

– Он догада́ется, что разгово́р был при мне.

– Не догада́ется.

Мы прошли́ в кабине́т. Ко́стя снял тру́бку и позвони́л. Ему́ отве́тил секрета́рь.

– Бу́дьте до́бри, соедини́те меня́, пожа́луйста, с

Анато́лием Андре́евичем. Кто про́сит? Его́ про́сит...
– Ко́стя назва́л свою́ фами́лию и по́сле па́узы сказа́л:
– Здра́вствуйте, Анато́лий Андре́евич!... Извини́те, что
побеспоко́ил. Де́ло в том, что у вас рабо́тает оди́н
мой ста́рый, хоро́ший това́рищ...

Я стоя́л у окна́ и чу́вствовал, что красне́ю, а Ко́стя
говори́л про́сто и свобо́дно.

– Я на днях его́ случа́йно встре́тил. Мы поговори́ли о том и сём*, пото́м я спроси́л его́ о рабо́те, о пла́нах на бу́дущее и узна́л, что есть у него́ мечта́ перейти́ на друго́й уча́сток...

– В на́шем же отделе́нии, – ти́хо шепну́л я. Ко́стя по́нял и кивну́л голово́й.

– В ва́шем же отделе́нии. Да. Челове́к он спосо́бный. Что?... Да, вы пра́вы, есть у него́ э́тот недоста́ток – ро́бок до смешно́го. Если представля́ется кака́я-то возмо́жность ему́ помо́чь, о́чень прошу́ вас, Анато́лий Андре́евич, сде́лайте э́то во и́мя на́шей с ним ста́рой дру́жбы. Спаси́бо. Спаси́бо... – Ко́стя посмотре́л в мою́ сто́рону и кивну́л голово́й. – У меня́ к вам ещё одна́ про́сьба. Мне бы не хоте́лось, что́бы он узна́л о на́шем разгово́ре. Челове́к он с хара́ктером, сра́зу оби́дится, ска́жет – заче́м ты вме́шиваешься? Кто тебя́ проси́л? И так да́лее и тому́ подо́бное. Вы меня́ по́няли? Ну и прекра́сно! Бу́дьте здоро́вы. Жела́ю успе́ха!

Ко́стя положи́л тру́бку.

– Всё. На́до бы́ло бы тебя́ сейча́с посла́ть за конья-ко́м, но так как ты у меня́ в гостя́х...

– Конья́к за мной*, – сказа́л я. – Как он с тобо́й разгова́ривал?

– Обыкнове́нно. Ты когда́ к нему́ собира́ешься?

– За́втра. Как говори́тся, по све́жим следа́м.

– Пря́мо от него́ приезжа́й ко мне. Расска́жешь, как и что.

– Бу́дет сде́лано, – сказа́л я.

---

* то и сё: то и друго́е
* конья́к за мной: я дам конья́к

На следующий день я отправился к начальнику. Анатолий Андреевич был вежлив, – он даже не подал виду, что у него состоялся тот разговор. Он пошутил, спросил меня, что нового, потом слушал меня крайне внимательно, не перебивал, и согласно кивал головой.

– Хочу вам сказать, – говорил он с приятной улыбкой, – что о вас хорошо говорят, очень хорошо говорят на работе.

– Очень рад, – сказал я. Мне было легко. Пока Анатолий Андреевич говорил, я подумал о том, что без Костиного звонка, без его сильной руки моё удовольствие от беседы с начальником было бы более полным.

– О чём вы задумались? – услышал я голос начальника. – Мне кажется – вы невнимательны.

– Что вы, Анатолий Андреевич, я вас очень внимательно слушаю, – ответил я, и мне стало даже весело от мысли, что в этом кабинете я могу позволить себе быть невнимательным.

Через десять минут всё было решено самым лучшим образом.

Спустя полчаса я приехал к Косте с бутылкой коньяку.

Мы сели на диван, и Костя потребовал, чтобы я рассказал о результате разговора с начальником. «Ты хочешь получить удовольствие от сознания того, как сильна твоя рука, – подумал я. – Слушай и радуйся. Это твоё право».

– Значит, мой звонок всё-таки сыграл некоторую роль? – спросил Костя, и я по его голосу понял, что он был о́чень дово́лен собо́й. Я сде́лал вид, что не заме́тил э́того, и отве́тил:

– Сам понима́ешь.

– Ксе́ния уже́ зна́ет, что у тебя́ всё в поря́дке?

– Нет. Я не был до́ма и да́же не позвони́л.

– Сейча́с же позвони́, – стро́го сказа́л Ко́стя, – спусти́сь, ря́дом с подъе́здом есть телефо́н.

– Я могу́ и отсю́да… – на́чал я.

– Отсю́да ты пока́ звони́ть не мо́жешь, – сказа́л Ко́стя. – Уже́ неде́лю э́тот телефо́н стои́т то́лько для красоты́. Он ещё не рабо́тает. Его́ обеща́ют включи́ть не ра́ньше вто́рника.

Я молча́л. Я до́лго молча́л и смотре́л на Ко́стю, как челове́к, кото́рого внеза́пно разбуди́ли среди́ но́чи.

– Како́й же ты неблагода́рный челове́к, – без те́ни улы́бки на лице́ сказа́л Ко́стя. – Я сде́лал для тебя́ тако́е де́ло, я поговори́л с твои́м нача́льником при по́мощи телефо́на, кото́рый не рабо́тает, и ты не броса́ешься мне на ше́ю с гро́мким кри́ком – спаси́бо!… Дава́й вы́пьем за ста́рую дру́жбу!…

Мы чо́кнулись* и вы́пили.

чо́кнуться

ВОПРО́СЫ

1. В чём сты́дно това́рищу призна́ться Ко́тьке?
2. Что ему́ бы́ло необходи́мо?
3. Како́й у него́ был прия́тель?
4. Где он встре́тил Ко́тьку?
5. Что предложи́л Ко́тька?
6. Заче́м он пошёл к Ко́тьке?
7. Что он рассказа́л Ко́тьке?
8. Хоте́лось ему́, что́бы Ко́тька позвони́л его́ нача́льнику?
9. О чём това́рищ спроси́л Ко́тьку?
10. О чём говори́л Ко́тька с нача́льником?
11. Что това́рищ сде́лал на сле́дующий день?
12. Как при́нял его́ нача́льник?
13. Куда́ пошёл он по́сле разгово́ра с нача́льником?
14. О чём спроси́л Ко́тька?
15. Почему́ това́рищ не мог звони́ть от Ко́тьки по телефо́ну?

МАЛЫШ*

Бы́ло э́то, друзья́, седьмо́го сентября́. Вызыва́ет меня́ Лопа́тин Алексе́й Никола́евич, руководи́тель отделе́ния новосте́й:

— Са́ша, не написа́ть ли нам в суббо́тний но́мер что́-нибудь интере́сное?

Я говорю́:

— Прекра́сная иде́я.

Тогда́ он говори́т:

— Вот тебе́ дома́шний а́дрес, поезжа́й и побесе́дуй с Валенти́ной Ива́новной Смирно́вой.

Спра́шиваю:

— Кто така́я?

Он отвеча́ет:

— Узна́ешь на ме́сте.

Я говорю́:

— А всё-таки. Кака́я пробле́ма?

— Пробле́ма воспита́ния.

Я говорю́:

— Поня́тно — мора́льная пробле́ма...

А он улыба́ется:

— Нет, пожа́луй, не сто́лько мора́льная, ско́лько физи́ческая.

— Понима́ю, спорт, воспита́ние молодёжи и всё тако́е про́чее.

А он говори́т:

— Почти́ пра́вильно догада́лся. Воспита́ние молодёжи, но не спорт.

_____

* малы́ш, и́мя от сло́ва ма́ленький

Я говорю:

— Ла́дно, Алексе́й Никола́евич, е́ду. Пра́вда, вы что́-то скрыва́ете*, но э́то да́же интере́сно. Вы с ней договори́лись, она́ меня́ при́мет*?

— При́мет. Поезжа́й.

Мину́т че́рез со́рок явля́юсь по а́дресу. Звоню́. Открыва́ет молода́я же́нщина.

— Здра́вствуйте. Гле́бов.

— Вы из реда́кции?

— Так то́чно.

— Заходи́те, пожа́луйста.

Вхожу́. Небольша́я кварти́ра, по-ви́димому двух-ко́мнатная. Обстано́вка совреме́нная. Книг мно́го. Тахта́*. Шкаф с зе́ркалом. Цветы́.

Я говорю́:

— Валенти́на Ива́новна, я к вам прие́хал для бесе́-ды, но в реда́кции мне почему́-то не сказа́ли, о чём мы бу́дем с ва́ми бесе́довать... Вы в ку́рсе де́ла?

Она́ улыба́ется:

— Ду́маю, что да. Но я полага́ю, что бесе́ду лу́чше всего́ вести́ за ча́ем. Пра́вда? А чай у меня́ ко́нчился. Е́сли не возража́ете, я вас оста́влю на не́сколько мину́т, то́лько спущу́сь в магази́н. Я да́же ключа́ с собо́й не беру́, позвоню́, и вы мне откро́ете, хорошо́?

Я говорю́:

— Пожа́луйста, коне́чно.

Ушла́ она́, а я сижу́ и ду́маю. Интере́сно, кто она́

по специа́льности? «Пробле́ма воспита́ния». Подошёл к кни́гам. Мо́жет, по кни́жкам догада́юсь, чем
челове́к занима́ется. Смотрю́, кни́ги как кни́ги: рас-
ска́зы, стихи́. Томо́в* три́дцать – «Зооло́гия». Брэ́ма.
Ага́, дога́дываюсь, всё я́сно, и́ли учи́тельница, и́ли
нау́чный рабо́тник.

Стою́ я так с ра́зными мы́слями, вдруг слы́шу
за две́рью в сосе́дней ко́мнате каки́е-то зву́ки и
движе́ния. Ду́маю: наве́рное, соба́ка гуля́ть про́сится.
Подхожу́, повора́чиваю ключ, открыва́ю дверь...

Е́сли бы Вале́рий Бру́мель* уви́дел, как я пры́г-
нул, он бы по́нял, что соревнова́ние со мной ему́
бы́ло бы трудне́е, чем с То́масом*. Я пото́м дня три
не мог поня́ть, каки́м о́бразом я оказа́лся на шкафу́.

Мо́жет, вам интере́сно знать, почему́ я произвёл
тако́й но́мер в во́здухе? Была́ причи́на. И дово́льно
серьёзная.

В ко́мнату вошёл лев*. Царь звере́й.

Вот я сейча́с расска́зываю, и у меня́ по спине́ моро́з
пробега́ет.

Вхо́дит лев, остана́вливается, смо́трит на меня́ и

пасть   лев

ла́па

---

* том: одна́ кни́га из произведе́ния
* Бру́мель и То́мас: спортсме́ны

вроде думает, когда меня со шкафа сорвать – сейчас или немного спустя. Стоит он так, потом опускается на передние лапы*, и тут, ребята, я чувствую, что через минуту редакция потеряет работника...

Потом вижу – лев зевает* во всю пасть*, а сам всё на меня смотрит. И тут мне даже показалось, что он подмигнул* – вот, сейчас с тобой займусь*! Я сижу на шкафу, зубы у меня стучат, а лев спокойно ушёл в другую комнату...

Я думаю: что же мне теперь делать? А? По телефону позвонить, куда? И как? Телефон у тахты, внизу. И лев тоже внизу. Что делать, друзья?

Вдруг звонок. Это хозяйка вернулась.

Я кричу:

– Я не могу открыть, я на шкафу.

– Почему? Что случилось?

Я не успеваю ответить, вижу, лев два раза прыгнул через комнату, стоит в передней и рычит* у двери. И так он рычит, ужас!

– Зачем вы выпустили Малыша?

Это хозяйка квартиры, Валентина Ивановна, с лестницы кричит.

– Да вы не бойтесь. Ничего страшного, он же ещё совсем молодой!...

А я сижу на шкафу и думаю – он совсем молодой, и я совсем молодой. Если он до меня доберётся, то я уже старым не буду никогда.

---

* зевать: от усталости открывать рот
* подмигнуть: закрыть чуть-чуть один глаз
* займусь, от слова заняться
* рычать: кричать злым, низким голосом

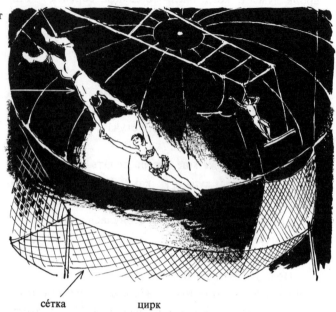

купол

артист

сетка   цирк

А Валенти́на Ива́новна кричи́т:

– Пока́ я его́ здесь занима́ю, позвони́те в домоу-
правле́ние* – Д 7-77-95. Скажи́те, что́бы сейча́с же
пришёл сле́сарь* в девя́тую кварти́ру.

Зна́ете, в ци́рке* есть тако́й но́мер «Акроба́ты
на бату́де». Цирковы́е арти́сты* пры́гают из-под ку́-
пола* на се́тку* и сно́ва вверх под ку́пол. Я э́тот но́-
мер испо́лнил в дома́шних усло́виях. Пры́гнул со
шка́фа на тахту́ и с телефо́ном в рука́х обра́тно на
шкаф. Тепе́рь я могу́ в цирковую шко́лу поступи́ть

---

* домоуправле́ние: ме́сто, отку́да руководя́т дела́ми до́ма
* сле́сарь: челове́к, кото́рый де́лает ключи́

без экза́менов. Позвони́л в домоуправле́ние: скоре́е пришли́те* сле́саря, кварти́ра де́вять . . . Здесь хо́дит лев, не войти́, не вы́йти... Пойми́те на́ше необыкнове́нное положе́ние.

С трудо́м меня́ по́няли, сказа́ли, сейча́с придёт сле́сарь.

Я тру́бку положи́л, пото́м позвони́л в реда́кцию. Слы́шу го́лос Алексе́я Никола́евича:

– Алло́! Алло́!...

А я ничего́ не могу́ отве́тить – лев опя́ть верну́лся. Подошёл к шка́фу, смо́трит на меня́. Тогда́ я в тру́бку говорю́:

– Алексе́й Никола́евич! Я говорю́ со шка́фа... Алексе́й Никола́евич... Тут лев... Никола́евич...

А лев го́лос мой услы́шал и встал пере́дними ла́пами на тахту́. Я тру́бку вы́ронил*, она́ виси́т, кача́ется*, а из неё печа́льные зву́ки слы́шны, – а-а-а...

Слы́шу, на ле́стничной площа́дке, голоса́. Сле́сарь пришёл. А лев тем вре́менем на́чал бо́ком шкаф толка́ть. Шкаф кача́ется, ну, ду́маю, всё, приве́т, чита́йте за́втра в газе́те: «По глу́пому слу́чаю мы потеря́ли одного́ из на́ших...»

Шкаф кача́ется, я держу́сь за потоло́к и всю свою́ жизнь вспомина́ю. Почему́-то вспо́мнил, каку́ю сла́ву я получи́л за мою́ после́днюю организа́цию труда́.

Вдруг слы́шу го́лос Валенти́ны Ива́новны:

– Вы почему́ молчи́те, что с ва́ми?

---

* пришли́те, от сло́ва присла́ть
* вы́ронить: дать упа́сть
* кача́ться: дви́гаться из стороны́ в сто́рону

Я говорю:

– Он шкаф качает.

Она говорит:

– Ничего, ничего, это он просто играет. Вы спойте что-нибудь. Малыш любит музыку. Она его очень успокаивает.

Тут я подумал – это не льва, а меня нужно успокаивать.

В общем, я запел. Такая это была песня, что рядом с ней песня Юродивого из «Бориса Годунова» звучала бы очень весёлой. Пел я с закрытым ртом, мне было не до слов. И представьте себе – произошло чудо*. Лев лёг на пол и закрыл глаза. А потом вдруг встал и быстро ушёл. Не вынес царь зверей моего пения.

А дальше всё было просто. Слесарь сделал своё дело. Валентина Ивановна вошла в квартиру, и лев бросился ей навстречу. Она взяла его за гриву*, увела в соседнюю комнату и заперла* дверь на два поворота* ключа.

Я легко спрыгнул* со шкафа, у меня был уже некоторый опыт, после чего и состоялась наша беседа за чаем. Беседа была интересная. Валентина Ивановна – научный работник зоопарка – взяла льва совсем маленьким. Так он рос и воспитывался у неё дома.

---

* чудо: непонятный по законам природы случай
* грива: волосы, которые падают на лоб
* запереть: закрыть ключом
* поворот: движение, когда поворачивается что-нибудь
* спрыгнуть: прыгнуть с чего-нибудь

Этот Малыш неде́ли че́рез две бу́дет жить в зоопа́рке. Вы́беру вре́мя, схожу́ с ним повида́ться. Посмо́трим друг на дру́га и вспо́мним на́шу я́ркую встре́чу, кото́рую я никогда́ не забу́ду.

ВОПРО́СЫ

1. Заче́м Са́шу вы́звал руководи́тель?
2. К кому́ он его́ посла́л?
3. Кто Са́ше откры́л дверь?
4. В каку́ю кварти́ру он пошёл?
5. Куда́ пошла́ Валенти́на Ива́новна?
6. Что Са́ша услы́шал за две́рью в сосе́дней ко́мнате?
7. Почему́ он пры́гнул на шкаф?
8. Где стоя́л телефо́н?
9. Как попа́ла Валенти́на Ива́новна в кварти́ру?
10. Что сказа́ла Валенти́на Ива́новна о льве?
11. Кем была́ Валенти́на Ива́новна?
12. Где воспи́тывался Малы́ш?
13. Где бу́дет жить пото́м Малы́ш?
14. Куда́ Са́ша пойдёт повида́ться с Малышо́м?

ЛИРИ́ЧЕСКОЕ* ПРОИСШЕ́СТВИЕ*

Это случи́лось в обыкнове́нный февра́льский день. Впро́чем, он был не совсе́м обыкнове́нным. В день пе́ред э́тим вече́рняя газе́та сообщи́ла о том, что тако́й тёплый день февраля́ в после́дний раз был отме́чен два́дцать шесть лет тому́ наза́д. Это бы́ло о́чень давно́. Я э́того не по́мню. Вероя́тнее всего́, потому́, что роди́лся три го́да спустя́.

Таки́м о́бразом, в ны́нешнем году́ мне испо́лнилось два́дцать три. Как изве́стно, лю́ди в э́том во́зрасте весьма́ располо́жены к мечта́ниям.

Это бы́ло в воскресе́нье. Я ме́дленно шёл по ти́хому переу́лку. Свети́ло со́лнце. С крыш сбра́сывали* снег. Я осторо́жно шага́л, что́бы не попа́сть в лу́жу*, смотре́л пря́мо пе́ред собо́й и ду́мал о том, ско́лько прия́тных неожи́данностей заключено́ в судьбе́ челове́ка. В э́ту мину́ту что́-то тяжёлое упа́ло мне на́ голову.

В то́лстых кни́гах таки́ми собы́тиями обы́чно конча́ют главу́. Сле́дующая глава́, как пра́вило, начина́ется с фра́зы: «Он пришёл в себя́ в большо́й све́тлой ко́мнате. Над ним стоя́ла медици́нская сестра́ «– Где я?» – спроси́л он. «– Успоко́йтесь, – с уча́стием отвеча́ла сестра́, – всё бу́дет хорошо́».

Одна́ко то, что произошло́ со мной, бы́ло ма́ло

---

* лири́ческий: поэти́ческий
* происше́ствие: собы́тие
* сбра́сывать/сбро́сить: броса́ть/бро́сить вниз с чего́-нибудь
* лу́жа: см. стр. 62

61

портфель   лу́жа

похо́же на э́тот слу́чай в кни́гах. «Где я? – спроси́л я и тут же отве́тил себе́ сам: – В лу́же».

Да, я сиде́л в лу́же*. Очки́ лежа́ли ря́дом, а портфе́ль* в стороне́. Когда́ я освободи́лся от сне́га, кото́рый упа́л на меня́ с кры́ши, я наде́л очки́ и встал.

---

* сиде́ть в лу́же, то́же зна́чит: оказа́ться в глу́пом положе́нии

Пото́м я взгляну́л наве́рх и уви́дел на кры́ше двух-эта́жного до́ма како́е-то кра́сное пятно́, кото́рое тут же исче́зло.

Около меня́ стоя́ла стару́ха с бле́дным лицо́м и дя́дя в зелёном пальто́.

– Уби́ли? – спроси́ла стару́ха.

– Кого́?

– Вас.

– Не совсе́м, – сказа́л я.

– Это же про́сто преступле́ние* – на люде́й снег броса́ть, – суро́во сказа́л дя́дя в зелёном пальто́.

– На́до его́, чёрта, под суд отда́ть, что́бы знал, как прохо́жих бить!...

Меня́ уже́ окружи́ла це́лая толпа́.

– Пошли́ акт* составля́ть, – предложи́л дя́дя в пальто́, – вот запла́тит* штраф* и бу́дет знать, как на́до вести́ себя́.

– У нас похо́жий слу́чай был, – сказа́л кто́-то из толпы́, – в на́шем до́ме как раз оди́н писа́тель живёт. На него́ то́же снег урони́ли*, и что ж вы ду́маете – продолжа́ет писа́ть.

– К чему́ э́ти разгово́ры, – вмеша́лся дя́дя в пальто́, – пошли́ акт составля́ть!

– Сто́ит ли? – сказа́л я. – Всё же, в о́бщем, в поря́дке.

– Ну да, сейча́с в поря́дке, а как домо́й придёте

---

* преступле́ние: де́йствие, когда́ челове́к убива́ет, обма́нывает и пр.
* акт: докуме́нт
* заплати́ть: дать де́ньги за что́-нибудь
* штраф: де́ньги за де́йствие про́тив зако́на
* урони́ть: потеря́ть что́-нибудь из рук

дı начнёте заика́ться*, тогда́ по́здно бу́дет. Пошли́, пошли́ акт писа́ть!

Дя́дю в пальто́ нельзя́ бы́ло убеди́ть не де́лать э́того. Мы отпра́вились иска́ть винова́того.

В домоуправле́нии* никого́ не оказа́лось.

– Всё я́сно. Спря́тались, – суро́во сказа́л дя́дя в пальто́.

По́иски дво́рника* та́кже око́нчились без результа́та.

– Ле́зьте на кры́шу, – посове́товала стару́ха, кото́рая шла за на́ми, – не ина́че э́тот престу́пник* там спря́тался.

Мы вошли́ в дом и ста́ли поднима́ться по ле́стнице. Дверь на черда́к* была́ закры́та на́ ключ.

– А ну дава́й постучи́м в э́ту кварти́ру, – сказа́л дя́дя в пальто́ и потяну́л за ру́чку.

Дверь откры́лась сра́зу. Каза́лось, что в кварти́ре жда́ли нас. Я по́днял глаза́ и нево́льно шагну́л наза́д.

На поро́ге стоя́ла де́вушка. Она́ была́ в си́них лы́жных штана́х* и в кра́сном сви́тере*. На голове́ её была́ голуба́я ша́пка.

– Где здесь ход на черда́к? – спроси́л дя́дя в пальто́.

– Вот, – указа́ла де́вушка, – пожа́луйста.

---

* заика́ться: повторя́ть нево́льно одни́ и те же зву́ки
* домоуправле́ние: ме́сто, отку́да руководя́т дела́ми до́ма
* дво́рник: тот, кто следи́т за поря́дком во дворе́ и на у́лице
* престу́пник: челове́к, кото́рый убива́ет и́ли обма́нывает и пр.
* черда́к: отделе́ние в до́ме над ве́рхним этажо́м

свитер

лы́жные
штаны́

Я смотре́л на де́вушку и ви́дел, что она́ с трудо́м
сохраня́ет серьёзность.

– А что вам ну́жно на чердаке́? – спроси́ла де́-
вушка у дя́дя в пальто́. – Вы что, трубочи́ст*?

– Я не трубочи́ст. Я хочу́ то́лько помо́чь найти́
винова́того в э́том несча́стном слу́чае. Поня́тно?

– Не совсе́м.

– Вы ви́дите – молодо́й челове́к, – сказа́ла стару́ха,
– на него́ снег с кры́ши сбро́сили. Еле жив оста́лся.

– Чу́дом* спа́сся, – доба́вил дя́дя в па́льто́.

Я смотре́л на де́вушку, кото́рая не скрыва́ла
интере́са к тому́, что говори́ли. Она́ была́ о́чень
краси́ва. Я пришёл в восто́рг от неё, и, вероя́тно,
у меня́ был глу́пый вид. Я прочёл э́то в её глаза́х.

– Что же мы стои́м на ле́стнице, – сказа́ла она́, –
проходи́те, пожа́луйста.

Я бы́стро вошёл в кварти́ру, и она́ заме́тила,
как я спеши́л. Дя́дя и стару́ха вошли́ вслед за мной.
Мы стоя́ли в небольшо́й ко́мнате.

– Сади́тесь, – предложи́ла де́вушка. – Кто хо́чет
ча́ю?

– При чём тут чай? – рассерди́лся дя́дя в паль-
то́. – Вы нас ча́ем не занима́йте. Вы нам скажи́те,
кто с кры́ши снег броса́л?

– Я снег броса́ла, сказа́ла де́вушка. – Я на кры́шу
поле́зла анте́нну* попра́вить. И кста́ти снег реши́ла
сбро́сить. Тепло́ сего́дня. Прия́тно.

– Да, действи́тельно, о́чень прия́тно, – сказа́л я
ми́рно.

---

* трубочи́ст: челове́к, кото́рый чи́стит тру́бы
* чу́до: непоня́тный по зако́нам приро́ды слу́чай

– В таком случае будем писать акт, – сказал сердитым голосом дядя в пальто и достал из кармана карандаш.

– Подождите, – сказала девушка, – сначала нужно помочь пострадавшему*. Я вам сейчас положу компресс.

– Благодарю вас, – сказал я, – один компресс вы мне уже положили.

антенна

– Как вы себя чувствуете? – спросила девушка. – Вы в нервном состоянии?

– В общем, да, – неуверенно сказал я.

– У меня ещё вопрос...

– При чём здесь вопрос, понимаете, когда человека снегом ударили, – строго заметил дядя в пальто. – Может быть, он сейчас даже не в состоянии понимать, чего говорит!

– Дело в том, что я учусь на медицинском факультете, – сказала девушка, – мы проходим невроз*.

– А что же у вас это обычно, что с крыши людей разбиваете*? – злым голосом спросил дядя в пальто. – Прошу сообщить ваше имя и фамилию.

---

* пострадавший: тот, кто пострадал от чего-нибудь
* невроз: нервная болезнь
* разбивать, от слова бить

– Меня́ зову́т Татья́ной. А фами́лия моя́ Колéсни-
кова.

– Я́сно, – сказа́л дя́дя в пальто́ и на́чал писа́ть:
– «Мы, гра́ждане Бочко́в Анто́н Фёдорович...

– Му́рина, Поли́на Ива́новна, – сказа́ла стару́ха.

– И пострада́вший Рома́шкин Евге́ний Миха́й-
лович, – сказа́л я с улы́бкой и смотре́л на де́вушку.

– ...соста́вили настоя́щий акт о сле́дующем слу́-
чае... – Дя́дя в пальто́ заду́мался и торже́ственно
продолжа́л: – Февраля́ дня граждани́н Рома́шкин про-
ходи́л по у́лице в то вре́мя, как студе́нтка Колéс-
никова броса́ла с кры́ши снег. Поэ́тому прохо́жий
Рома́шкин попа́л в лу́жу. Уда́р был тако́й си́льный,
что Рома́шкин Е. до сего́ моме́нта молчи́т и всё
вре́мя стра́нно гляди́т в одну́ то́чку. Настоя́щий акт
лежи́т у граждани́на Рома́шкина Е.»

Мы расписа́лись* на а́кте, и тогда́ я неожи́данно
для самого́ себя́ сказа́л:

– Вы разреши́те, я оста́нусь здесь на мину́ту. Мне
ну́жно снять ко́пию.

Свиде́тели* ушли́, а я оста́лся снима́ть ко́пию.
Мы прочли́ друг дру́гу акт. Татья́на о́чень смея́лась,
и её голуба́я ша́пка упа́ла на́ пол. Я наклони́лся,
чтобы её подня́ть. Она́ наклони́лась то́же, и тогда́
мы взгляну́ли друг на дру́га...

Коро́че говоря́, че́рез ме́сяц она́ жила́ у меня́.

Над на́шим столо́м, за кото́рым мы вме́сте за-
нима́емся, виси́т акт о том, как студе́нтка Колéс-

---

* расписа́ться: написа́ть свою́ фами́лию
* свиде́тель: челове́к, кото́рый ви́дел то, что произошло́

никова Т. бросáла снéгом в прохóжего Ромáшкина Е.
Акт над столóм настоя́щий. Кóпии мы так и не
сня́ли.

ВОПРÓСЫ

1. Когдá случи́лось э́то происшéствие?
2. Что бы́ло сообщенó в газéте?
3. Почемý Ромáшкин упáл в лýжу?
4. Что он уви́дел на кры́ше двухэтáжного дóма?
5. Кто стоя́л óколо негó?
6. Что хотéл писáть дя́дя в пальтó?
7. Кто им откры́л дверь?
8. Почемý Ромáшкину понрáвилась дéвушка?
9. Что предложи́ла дéвушка?
10. Где учи́лась дéвушка?
11. Что случи́лось чéрез мéсяц?
12. Где виси́т акт?

КИ́ЕВСКИЙ ТОРТ*

В за́ле, где я сиде́л и ждал самолёт на Москву́, послы́шался лёгкий же́нский го́лос.

– Пассажи́ры, кото́рые летя́т по маршру́ту* Ки́ев-Москва́, приглаша́ются на поса́дку*!

Я был уве́рен в том, что пе́ред тем, как сказа́ть э́ту фра́зу, де́вушка смея́лась. Я был в э́том вполне́ убеждён. Да́же когда́ она́ повтори́ла э́то объявле́ние, го́лос её всё ещё звуча́л ве́село.

Согласи́тесь – заме́тить тако́е мо́жет то́лько спосо́бный и наблюда́тельный челове́к, кото́рый обраща́ет внима́ние на всё и мо́жет прийти́ к пра́вильному заключе́нию. Ме́жду тем мои́ друзья́ счита́ют, что я о́чень невнима́тельный.

Мне ка́жется, я вам ещё не сказа́л, что под Но́вый год я возвраща́лся домо́й.

Сиде́л я в све́тлом за́ле ки́евского аэродро́ма и чита́л но́вый журна́л. Вдруг ви́жу пе́ред собо́й немолоду́ю же́нщину невысо́кого ро́ста.

– Молодо́й челове́к, извини́те что беспоко́ю вас, – сказа́ла она́ смущённо, и почему́-то держа́ла ру́ку

торт

---

* маршру́т: путь
* поса́дка, от сло́ва сади́ться

за спино́й, – но е́сли бы я вас не побеспоко́ила, вы бы са́ми забеспоко́ились мину́т че́рез де́сять.

– Не понима́ю, – сказа́л я и встал с кре́сла.

– Я ви́дела, как вы сдава́ли свой чемода́н на самолёт в Москву́.

– Ну и что же?

– Уже́ давно́ объяви́ли поса́дку, а вы сиди́те, бу́дто вас э́то не каса́ется.

– Благодарю́ вас. Спаси́бо. Весьма́ обя́зан.

– Это мне о́чень удо́бно, – улыбну́лась же́нщина. – Я задержу́ вас на одну́ мину́ту. Сего́дня до́лжен был лете́ть в Москву́ сын мое́й сестры́. Я хоте́ла с ним переда́ть на́шим хоро́шим знако́мым небольшо́й пода́рок к пра́зднику, – она́ доста́ла из-за спины́ ма́ленький я́щик – наш знамени́тый ки́евский торт. Вы, наве́рно, заме́тили, почти́ ка́ждый пассажи́р везёт из Ки́ева ки́евский торт...

– Если я пра́вильно по́нял, сын ва́шей сестры́ сего́дня не лети́т.

– Да. Я об э́том то́лько что узна́ла.

– И вы реши́лись мне – незнако́мому челове́ку – переда́ть таку́ю це́нность*?... Име́йте в виду́, как то́лько самолёт полети́т, я съем ваш торт вме́сте с я́щиком.

Же́нщина засмея́лась.

– На здоро́вье!... Это вы шу́тите. Вы э́того не сде́лаете. Вы же культу́рный челове́к. А е́сли б вы ещё зна́ли, кому́ вы повезёте торт. Ведь они́ таки́е

---

* це́нность: о́чень дорога́я вещь

ми́лые лю́ди!... Ко́ля – уча́стник войны́, прекра́сный архите́ктор. Неда́вно постро́или зда́ние по его́ про-е́кту*, вся Москва́ была́ в восто́рге. Мару́ся – жена́ – учи́тельница англи́йского языка́. Ната́ша – дочь – у́чится в институ́те. Она́ така́я краса́вица, что все па́рни теря́ют го́лову. Уви́дите – с ума́ сойдёте, е́сли вы, коне́чно, не жена́ты*...

– Я не жена́т, – сказа́л я, – да́йте мне но́мер теле-фо́на. Я позвоню́, и она́... и они́ прие́дут за то́ртом. А впро́чем, пиши́те а́дрес. Я сам пое́ду к ним с то́р-том. Пря́мо сего́дня.

– Из уваже́ния к строи́тельству и иску́сству? Я понима́ю, – хи́тро улыбну́лась же́нщина. – Я сама́ вам хоте́ла дать а́дрес. Они́ тепе́рь живу́т в но́вом до́ме, и я не по́мню их но́мер телефо́на. До́ма он у меня́ есть, я его́ записа́ла. Как то́лько я вас провожу́, я сейча́с же позвоню́ в Москву́ и расскажу́ им, како́й вы ми́лый молодо́й челове́к. У вас есть чем писа́ть?

Я протяну́л ру́чку.

Же́нщина торопли́во написа́ла а́дрес на я́щике с то́ртом.

– Вот. И, пожа́луйста, переда́йте им большо́й приве́т.

– Они́ зна́ют, от кого́?

– Зна́ют. От Га́ли. От Гали́ны Корне́евны. До свида́ния. Счастли́вого вам пути́!

Я взял я́щик, пожа́л ру́ку Гали́не Корне́евне и побежа́л к самолёту.

---

* проéкт: план
* жена́тый: име́ющий жену́

Могу признаться, к тому, что случилось потом, я как-то был готов. Дело в том, что уже в самолёте я заметил, что добрая половина пассажиров везла в столицу знаменитый торт.

Когда самолёт приближался к Москве, я решил пойти с тортом прямо с аэродрома. Это я уже решил пока мы летели.

Так вот, в одной руке у меня был чемодан, в другой ящик с тортом, но... на ящике не было адреса.

Тут же по моей просьбе по радио передали сообщение.

– Внимание! Пассажира, который по ошибке взял ящик с тортом, на котором написан адрес получателя*, просят подойти к начальнику!...

Я ждал ровно сорок минут. Без результата. Тогда не было уже никакой надежды. Я отправился в город.

В автобусе я вспомнил, что Галина Корнеевна обещала позвонить в Москву и сказать обо мне разные добрые слова. И я представил себе, как архитектор Коля, его жена Маруся и красавица Наташа пожмут* плечами, усмехнутся и скажут: «Не принёс он торт. Возможно, завтра принесёт.» А я и завтра не принесу, потому что не знаю, куда его нести. И Галина Корнеевна снова позвонит и скажет: «Как после этого верить людям? С виду вполне культурный человек. Вы только подумайте – нашёл счастье в торте!»

_____

* получатель: человек, который получает что-нибудь
* пожмут, от слова пожать

Когда́ я пришёл домо́й, я устро́ил у себя́ в ко́мнате ма́ленькое собра́ние.

Оди́н из мои́х друзе́й, Серге́й Кульчи́цкий, покача́л* голово́й:

– Рассе́янность* – друга́я сторона́ напряжённого внима́ния. Не по́мню, чьи э́то слова́. Удо́бнее счита́ть, что э́то сказа́л я.

---

* покача́ть: дви́гать из стороны́ в сто́рону не́сколько раз
* рассе́янность: невнима́тельное состоя́ние

– Ли́чно мне я́сно одно́, – заяви́л Анто́н Про́кушев, – е́сли ты не догада́лся прочита́ть а́дрес и запо́мнить его́, то э́то дока́зывает, что ты не уме́ешь рабо́тать умо́м. Найди́ себе́ рабо́ту попро́ще.

– Подожди́, Анто́н. Дава́й поду́маем, как помо́чь на́шему това́рищу сохрани́ть своё до́брое и́мя, – сказа́л Ви́ктор Мало́в. – Что ты зна́ешь о челове́ке, кото́рому ты до́лжен был отда́ть торт?

– Он архите́ктор. Зову́т его́ – Ко́ля.

– Це́нные зна́ния, – сказа́л Серге́й. – Москва́, архите́ктору Ко́ле. Тако́е то́чное сообще́ние лу́чше чем а́дрес «на дере́вню де́душке».

– Ещё я зна́ю, что он живёт в но́вом до́ме...

Анто́н уже́ был гото́в пошути́ть, э́то бы́ло ви́дно по его́ лицу́, но Ви́ктор был быстре́е:

– До́лжен тебе́ сказа́ть печа́льную пра́вду, но ты, вероя́тно, и сам понима́ешь – но́вый дом для Москвы́ обыкнове́нная вещь.

– Э́тот Ко́ля постро́ил зда́ние, от кото́рого все бы́ли в восто́рге.

– Э́то уже́ говори́т ко́е-что, – сказа́л Анто́н. – Мину́ту!... У меня́ роди́лся план. Он прост, как два ра́за два четы́ре. Вот я беру́ спра́вочник* и нахожу́ но́мер телефо́на Сою́за архите́кторов...

– Молоде́ц, – сказа́л Серге́й, – госуда́рство не зря да́ло сре́дства для твоего́ вы́сшего образова́ния. Звони́!

Анто́н набра́л* но́мер, по́сле чего́ состоя́лся о́чень

* спра́вочник: кни́га с адреса́ми и телефо́нными номера́ми
* набра́ть: вы́звать

коро́ткий и тако́й же стра́нный телефо́нный разгово́р.

– Здра́вствуйте, – сказа́л Анто́н, – с ва́ми говори́т аспира́нт Моско́вского Госуда́рственного университе́та Про́кушев. У нас произошла́ небольша́я доса́дная исто́рия. Наш това́рищ то́же аспира́нт, серьёзный челове́к, привёз из Ки́ева торт для чле́на* Сою́за архите́кторов. Нет, не для всего́ сою́за, а для определённого архите́ктора. Что?... В то́м-то и де́ло, что мы не зна́ем его́ фами́лии. Вы напра́сно смеётесь. Мы име́ем не́которые фа́кты о том, что его́ зову́т – Ко́ля. Не Во́ва, а Ко́ля. Опя́ть вы смеётесь. Алло́!... Вы слу́шаете?... Ребя́та, она́ положи́ла тру́бку.

– Ничего́ удиви́тельного, – сказа́л Ви́ктор. – Позвони́ ещё раз. Я с ней поговорю́.

Когда́ Ви́ктор услы́шал в телефо́не ре́дкие зву́ки, он потяну́л свой га́лстук и попра́вил во́лосы.

– Зря стара́ешься, – заме́тил Серге́й, – э́то же не телеви́зор.

– Извини́те, – ве́жливо сказа́л Ви́ктор, – то́лько, пожа́луйста, не клади́те тру́бку, да́йте мне сказа́ть. С ва́ми говори́т друго́й аспира́нт. Кро́ме того́, что архите́ктора зову́т Ко́лей, мы узна́ли, что по его́ прое́кту в Москве́ постро́или прекра́сное зда́ние. Что? Администрати́вное и́ли жило́й дом*?... Сейча́с мы узна́ем то́чно.

Я пожа́л плеча́ми.

---

* член: челове́к, кото́рый принадлежи́т к како́й-нибудь организа́ции
* жило́й дом: дом, в кото́ром живу́т лю́ди

– Если б я знал.

Виктор махнул рукой и уверенно сказал:

– Административное. Какого вида?... Современного вида. Я понимаю, что в Москве построено много зданий, но автора проекта этого прекрасного здания зовут Коля. Николай. Что? Хорошо, я подожду, – Виктор положил свою руку мне на плечо. – Старик, я чувствую, что торт найдёт хозяина.

– А может, и не найдёт, – с надеждой в голосе сказал Сергей.

– Тише!... Да-да, я вас внимательно слушаю, – Виктор обернулся ко мне, – пиши. Мамонов Николай Сергеевич. Страхов Николай Николаевич. Орешников Николай Фёдорович...

– Добавь, что у него жена – Маруся.

– Извините, – сказал Виктор, – поступили новые факты: у архитектора, оказывается, есть жена. Её зовут – Маруся. Что?... Возможно, что и Мария Павловна. В наших кругах она известна как Маруся.

– У них есть дочь! – крикнул я в трубку. – Студентка Наташа, красавица!...

Виктор улыбнулся и закрыл ладонью микрофон.

– Теперь, она говорит, мне понятно, что вам нужен не архитектор, а его дочь. Да-да, слушаю... Записывай, – сказал Виктор и повторил номер телефона Николая Фёдоровича Орешникова.

– Спасибо! – крикнул я в трубку. – Вы мне очень помогли!

– А у нас не будет торта, – добавил Сергей.

– И, может быть, не товарища на встрече Нового года, – заключил Виктор.

Я немедленно вызвал номер. Ответил женский
голос:

— Слу́шаю.

— Прости́те, э́то не Ната́ша говори́т?

— Да, э́то я.

— Бу́дьте добры́, да́йте, пожа́луйста, ваш а́дрес.

Я прие́хал к Оре́шниковым, и дверь откры́ла Ната́ша. Не бу́ду вам расска́зывать, как она́ вы́глядит, э́то бу́дет сли́шком дли́нный расска́з.

— Здра́вствуйте, – сказа́л я, – получа́йте знамени́тый ки́евский торт.

— Ещё оди́н? – удыбну́лась Ната́ша.

— Как... ещё оди́н?

Ната́ша вы́несла я́щик с то́ртом, на кото́ром я уже́ и́здали уви́дел а́дрес, кото́рый написа́ла Гали́на Корне́евна.

— Позвони́ла тётя Га́ля из Ки́ева и сказа́ла, что культу́рный, ми́лый и нежена́тый молодо́й челове́к переда́ст нам к пра́зднику торт.

— Да... Но кто же...

— Этот торт привёз офице́р. Он из Ки́ева. Мы пригласи́ли его́ встре́тить с на́ми Но́вый год, но он отказа́лся. Он встреча́ет в своём кружке́, вме́сте с жено́й. Он оста́вил свой моско́вский а́дрес, потому́ что, как он сказа́л, наде́ется оди́н торт получи́ть обра́тно.

— Бу́дет сде́лано! – сказа́л я.

Ро́вно че́рез час я повёз торт его́ зако́нному хозя́ину. Для э́того мне пришло́сь е́хать че́рез всю Москву́. Скажу́ вам пря́мо: е́сли бы офице́р жил да́же в Калу́ге и́ли Ряза́ни, я пое́хал бы и туда́. У меня́ бы́ло отли́чное настрое́ние.

Е́сли вы ещё не догада́лись, где и с кем мне предстояло встречать Новый год, значит, вы меня невнимательно слушали и не запомнили фразу моего друга Виктора.

ВОПРОСЫ

1. Что послышалось в зале, где молодой человек ждал самолёт на Москву?
2. Откуда знала женщина, что он едет в Москву?
3. О ком рассказала ему женщина?
4. Кому он должен был везти торт?
5. Почему он не пошёл с тортом прямо к получателю?
6. Кого он пригласил к себе в комнату?
7. Какой план родился у Антона?
8. Куда он позвонил?
9. Что сказали из Союза архитекторов?
10. Кому молодой человек немедленно позвонил?
11. Кто открыл дверь?
12. Зачем он поехал к офицеру?
13. Как далеко жил офицер?
14. Где и с кем молодой человек встречал Новый год?